Kindererziehung leicht gemacht

Grundsätze der gewaltfreien Kommunikation nach Marshall B. Rosenberg

Konfliktmanagement in Theorie und Praxis

Dipl. Psychologe Jens Seidel

IMPRESSUM

Kindererziehung leicht gemacht

Grundsätze der gewaltfreien Kommunikation nach Marshall B. Rosenberg

Konfliktmanagement in Theorie und Praxis

von Dipl. Psychologe Jens Seidel

ISBN-13: 978-1481206945

ISBN-10: 148120694X

© 2012 Dipl. Psychologe Jens Seidel

Alle Rechte vorbehalten.

Autor: Dipl. Psychologe Jens Seidel

Kontakt über: info@bknife.com

Vorwort:

Die in diesem Buch veröffentlichten Inhalte und Ratschläge wurden vom Verfasser sorgfältig und nach bestem Wissen und Gewissen erarbeitet. Eine Haftung des Verfassers oder des Verlages für Personen-, Sach- und Vermögensschäden ist dennoch ausgeschlossen.

Der Autor distanziert sich ausdrücklich von Textpassagen, die im Sinne des § 111 StGB interpretiert werden könnten. Die entsprechenden Informationen dienen dem Schutz des Lesers. Ein Aufruf zu unerlaubten Handlungen ist nicht beabsichtigt.

Sämtliche Angaben, Quellen, Referenzen und Anschriften wurden sorgfältig recherchiert. Im Laufe der Zeit können sich jedoch unerwartete Änderungen ergeben, so dass keinerlei Haftung oder Gewähr übernommen werden kann.

Falls Sie ein starkes Kind heranziehen möchten und nach Themen wie Erziehung und Selbstbewusstsein Ausschau halten sollten, so finden Sie bei Amazon diverse Bücher unter meinem Namen: „Dipl. Psychologe Jens Seidel".

Inhalt

Einleitung

Das kindliche Recht auf gewaltfreie Erziehung ist im Grundrecht verankert. Demnach ist die Frage nach einer gewaltfreien Erziehung keine, die Eltern für sich entscheiden könnten. Gewaltfreie Erziehung ist also kein verhandelbarer Erziehungsstil, sondern ein Grundrecht eines heranwachsenden Menschen und die Aufforderung an Eltern: „Du sollst mir keine Gewalt antun!" Was so einfach klingt, ist längst nicht selbstverständlich. Den Satz „Ein kleiner Klaps schadet nicht, das hat mir auch nicht geschadet!" hört man selbst von jungen Eltern häufig. Aber diese Form der physischen „Züchtigung" sollte nicht verharmlost werden.

Sicher: Auch Eltern sind nur Menschen und fehlbar. Fast jedes Elternteil kennt eine Situation im Leben des Kindes, als die Hand ausrutschte. Egal, wie sehr man sich vorgenommen hat, es nicht zu tun. Ziel ist es nicht, solche Eltern zu bestrafen oder moralisch zu verurteilen. Vielen Eltern rutscht in absoluten Grenzsituationen die Hand aus. Das Kind ist auf die Straße gelaufen, hat etwas absichtlich kaputtgemacht... es handelte sich also um eine Stress- und Ausnahmesituation für Eltern und Kind. Sinn dieses Ratgebers ist es nicht, solche Handlungen zu verurteilen.

Vielmehr soll das Buch verdeutlichen, dass Erziehung, die wesentlich auf Gewalt aufbaut, keine Erziehung ist, sondern Maßregelung und Strafe. Viele Eltern verwechseln strafen mit erziehen. Und einige verkennen bestimmte Formen der Gewalt. Gewalt ist nicht „nur" der Klaps auf den Hintern: Schreien, Brüllen, nicht zuhören, strafende Ignoranz oder das Niedermachen des Kindes sind ebenso Formen psychischer Gewalt, die kindliche Seelen nachhaltig verformen.

Dieser Ratgeber soll Sie sensibilisieren für das Thema Gewalt und Erziehung und Ihnen Wege zu einer gewaltfreien Form der Erziehung aufzeigen. Dabei soll es nicht nur um physische Formen der Gewalt gehen; die alltäglichste Form von Gewalt von Eltern am Kind - eine aggressive Kommunikation - soll besonders in den Fokus gerichtet werden.

Es soll u. a. aufgezeigt werden, dass physische Gewalt meist in der Missachtung von Gefühlen wurzelt, die deshalb nicht ausgedrückt werden können, weil beide - Eltern und Kind - nicht adäquat miteinander kommunizieren können.

Gerade auch in der sprachlichen Auseinandersetzung zwischen Eltern und Kindern wird - meist völlig unbeabsichtigt - Gewalt ausgeübt. Denn natürlich ist der Erwachsene stets kommunikativ überlegen. Daher bietet dieser Text einen kleinen Exkurs zu Marshall D. Rosenberg und seiner Theorie zu einer gewaltfreien Kommunikation.

Bewusstseinswandel

Es ist gar nicht lange her, da galt das Kind im juristischen Sinne als Objekt - es hatte also nicht den Status eines selbstbestimmten Subjektes inne; es war vielmehr ein Objekt, das elterlicher „Gewalt" (so der Gesetzestext bis 1980) unterstellt war. Wenn diese elterliche „Gewalt", und nicht zuletzt das Gesetz, das Kind jedoch als Objekt des elterlichen Willens charakterisierte, verweist das auf ein Problem des elterlichen Umganges mit dem Kind: Das Kind ist dann nur ein Befehlsempfänger der Erwachsenen. Von Mitsprache und Kommunikation keine Spur.

Erst 1980 wurde innerhalb der Sorgerechtsreform der Begriff der elterlichen bzw. erzieherischen „Gewalt" durch den Begriff der „Sorge" ersetzt. Der geistige Wandel, der diesem begrifflichen Wandel vorausging, besagt klar: Eltern sollen die Sorge um das Wohl ihres Kindes in den Vordergrund ihrer erzieherischen Tätigkeit legen. Der Begriff der Gewalt, der eine philosophische, staatsrechtliche und institutionelle Dimension besitzt, wurde mit Recht durch den der Sorge ersetzt: Zu verdanken ist dies auch dem Wandel des Eltern- und Familienbildes.

Seit den 70er Jahren verankerten sich reformpädagogische Bestrebungen immer weiter im Bewusstsein von Lehrern, Erziehern und Eltern. Disziplin und Gehorsam standen nun nicht mehr im Vordergrund; vielmehr einer von Vermittlung und „Demokratisierung" geprägter Erziehungsstil. Demokratisierung insofern, als dass man Kinder nun das Recht und die Fähigkeit zusprach, bestimmte Fragen im Hinblick auf sich selbst zu entscheiden. Dazu gehört auch, dass man mit der Sorgerechtsreform der 80er Jahre auch das Äußerungs- und Mitentscheidungsrecht des Kindes bzw. von Jugendlichen einführte. Das Kind darf nun explizit äußern, bei welchem Elternteil es leben möchte.

Seit der Verabschiedung der UN-Kinderrechtskonvention 1989 gelten explizite „Kinderrechte". Das verweist auch darauf, dass man im juristischen Sinne dem Kind eine besondere Stellung und Wertung zukommen lässt. Es ist eben kein juristisches Objekt; zugleich kann ein Kind seine Rechte nicht in der Form geltend machen wie ein Erwachsener. Es ist letztlich auf Hilfe und Unterstützung durch verantwortungsvolle Erwachsene und Institutionen angewiesen. Diese sind vor allem Schule und Kindergarten, aber auch Jugendamt und Vormundschaftsgericht.

Missbrauch und Gewalt an Kindern, die durch Eltern, Verwandte oder Lehrer ausgeübt wurden, galten lange Zeit als „Privatangelegenheit", das heißt, es gab keine breiten gesellschaftlichen Debatten. Das änderte sich in den letzten Jahrzehnten stark.

Im Zuge der Aufdeckung von Missbrauchsskandalen wurde in den letzten Jahren noch einmal das Bewusstsein dafür geschärft, wie leicht Kinder zu Opfern institutionalisierter Gewalt - gerade auch durch diejenigen, die die schützen sollten - werden.

Die große Zahl an Opfern zeigt, dass es sich keinesfalls um zu vernachlässigende Phänomene handelt, die gesellschaftlich irrelevant seien. Im Gegenteil: Der Schutz von Kindern vor elterlicher oder institutionalisierter

Gewalt ist eine gesamtgesellschaftliche Aufgabe. Weil das Kind sich nicht selbst schützen kann und weil Traumatisierungen, die durch Gewalt entstehen, häufig ein Leben lang stark nachwirken, ganze Lebenswege nachhaltig negativ prägen.

Neben diesen Formen extremer Gewalt und Missbrauchs am Kind treten nun aber auch die scheinbar harmlosen Formen der Gewalt am Kind in den Vordergrund. Eltern haben heutzutage kein Recht mehr, frei zu entscheiden, ob sie Gewalt als Mittel der Erziehung einsetzen wollen. Bis in die 50er und 60er Jahre hinein galt die Gewalt am Kind in Familie und Schule noch immer als vertretbar, normal und als Mittel der Erziehung.

Pädagogen bekennen sich heute selbstverständlich zu einer gewaltfreien Erziehung. Nicht nur im Hinblick auf physische Gewalt; auch psychische und kommunikative Gewalt werden hier mit einbezogen. So hat sich auch ein Bewusstsein für eine vermittelnde und gewaltfreie Kommunikation mit dem Kind herausgebildet. And die Stelle von Anweisungen traten Vermittlung, Erklärung und Kooperation.

Erzieher unterliegen institutionellem Druck - negatives Verhalten wird sanktioniert. Zudem werden sie fachlich geschult und erhalten eine lange Ausbildung.

Bei Eltern ist dies nicht der Fall. Viele glauben, ihr Erziehungsstil sei eine rein subjektive Entscheidung, und ob dieser Gewalt einschließt, sei immer noch ihre Sache. Zudem ist der private Bereich der Familie von den Augen der Öffentlichkeit verborgen. Was hinter verschlossenen Türen geschieht können - und wollen? - wir häufig nicht sehen. Und trotzdem: Ein Kind hat ein Recht auf eine gewaltfreie Erziehung, auf körperliche Unversehrtheit und ein Umfeld, das seine körperliche, geistige und psychische Entwicklung positiv fördert und unterstützt. Es gibt damit auf die Pflicht anderer Erwachsener, eine eventuelle Bedrohung dieses Recht des Kindes zu registrieren.

Während die meisten Eltern extreme Formen der Gewalt ohne Weiteres ablehnen, fehlt es ihnen teilweise an Sensibilität für die Auswirkung scheinbar harmloser Formen der Gewalt: Der kleine Klaps, die „Backpfeife", aber auch Nörgeln, Schimpfen, Schreien, Herabsetzen und Beleidigen sind eben nicht harmlos, schon gar nicht folgenlos. Eltern sollten sensibilisiert werden für die Verletzungen, die auch scheinbar harmlose „Gewaltakte" ihrem Kind zufügen.

Dabei geht es nicht darum, Eltern zu verdammen, denen einmal die Hand „ausgerutscht" ist: Ja, wir sind menschlich, es kann geschehen. Dabei sollten wir uns aber eingestehen, dass unsere Hand nicht „ausgerutscht" ist - wenn man ausrutscht, ist das ein Missgeschick, man kann nichts dafür, trägt keine Verantwortung. Unsere Gliedmaßen fallen aber sehr wohl unter unseren Entscheidungs- und Einflussbereich. Wir haben Kontrolle über sie. Wenn wir schlagen, haben wir Kontrolle über uns verloren.

Wenn wir ehrlich mit uns sind und uns eingestehen, dass die Hand nicht ausgerutscht ist, sondern dass wir geschlagen haben, eröffnen wir uns die Möglichkeit, aktiv dem Problem und seiner Ursache zu begegnen.

Denn elterliche Gewalt hat Ursachen - das sind meist Überforderung, Stress, Unfähigkeit zum Lösen von Konflikten, fehlendes Verständnis für das Kind, Missachtung eigener Bedürfnisse und Ängste - um nur einige zu nennen. Wenn wir uns eingestehen, dass wir unser Handeln verantworten, können wir dieses auch ändern. Werten wir den Klaps als Missgeschick, sprechen wir uns die Möglichkeit ab, dieses Verhalten zu verändern, und nehmen dadurch die Möglichkeit in Kauf, unser Kind weiterhin zu verletzen.

Also: Eltern sollten sich der Verantwortung und der Ursache für ihr Verhalten bewusst werden; sie sind keine Unmenschen oder unmoralisch, wenn sie einmal fehlerhaft handeln. Sie sind Menschen, die Fehler machen, zu denen sie aber stehen müssen. Vielleicht kann Sie dieser Text auch ermutigen, fehlerhafte Verhaltensmuster anzugehen und zu beseitigen.

Formen der Gewalt

Denkt man an Gewalt an Kindern, fallen einem zunächst Horrormeldungen aus den Nachrichten ein. Während jedoch solche Gewalttaten an Kindern, von denen die Medien berichten, in den letzten Jahren stark zurückgegangen sind und generell extrem selten vorkommen, gibt es Formen der Gewalt, die medial und im Bewusstsein von Eltern kaum Beachtung finden.

Ja, es gibt Eltern, die ihre Kinder massiv misshandeln. Man liest von Fällen, bei denen Mütter oder Väter ihren schreienden Säugling so lange schüttelten, bis er nicht mehr schrie - und aufgrund einer Hirnblutung ins Krankenhaus eingeliefert werden musste. Es gibt tatsächlich solche furchtbaren Fälle elterlicher Gewalt. Diese Fälle sind jedoch die Spitze des Eisberges, furchtbare Katastrophen, die Gott sei Dank nicht alltäglich sind. Viele Formen der Gewalt am Kind sind es jedoch.

Das Spektrum reicht dann von dem verharmlosten Klaps auf den Po, führt über Strafen und Beschimpfungen und kann bis zum angedrohten Liebesentzug führen. Formen psychischer Gewalt hinterlassen keine sichtbaren Spuren. Sie sind daher nicht auffällig.

Viele Formen psychischer Gewalt sind Eltern als solche nicht bewusst. Sie wirken jedoch so nachhaltig, dass sie bisweilen einen massiven Schaden anrichten. Nicht wenige Erwachsenen machen Therapien, in denen es vorrangig darum geht, wie ihre Eltern sie herabgesetzt haben. Dieses elterliche Kind wirkt auch in dem nun erwachsenen „Kind" nach, beeinträchtigt die Fähigkeit, ein Leben meistern zu können, massiv.

Ständige Vorwürfe

Ein Beispiel: Das Kind, 5 Jahre alt, möchte sich etwas Tee in eine Tasse schütten. Die Tasse läuft über oder das Kind wirft sie um. Nicht wenige Eltern reagieren - weil sie gestresst sind - mit Vorwürfen: „Schau mal, was du jetzt schon wieder gemacht hast! Immer bist du tollpatschig. Nichts kannst du richtig."

Solche Botschaften wirken unmittelbar auf Bewusstsein und Unterbewusstsein des Kindes. „Ich bin nicht gut, ich mache alles falsch.", das ist es, was beim Kind ankommt. Solche Botschaften können ein ganzes Leben beeinflussen und einem Menschen das Gefühl geben, zu nichts gut zu sein, Fehler zu begehen, zu versagen.

Es ist nicht nur die Art der elterlichen Kommunikation (hierzu später mehr) - aggressive Du-Botschaften, Vorwürfe, die Abqualifizierung, das furchtbare Wörtchen „immer", die hier ein Problem darstellt. Meist reizen solche Situationen Eltern nur deswegen zu solch heftigen Reaktionen, weil sie gestresst und genervt sind. Dieser Stress hat meist wenig mit dem Kind zu tun. Egal jedoch, ob der Stress von dem Kind erzeugt wird oder nicht: Er darf nicht an dem Kind ausagiert werden.

Der kleine Klaps und die großen Folgen

Jede liebevolle Umarmung, ein Kuss und Streicheln des Kindes vermittelt dem Kind Liebe und Geborgenheit. Schon der kleine Klaps kann das daraus gewonnene Vertrauen nachhaltig stören. Er ist deswegen eben nicht zu vernachlässigen oder gar „harmlos".

Eltern sollten es als angenehme Pflicht empfinden, ihren Kindern liebevolle Wärme, Geborgenheit und Schutz zukommen lassen. Je kleiner das Kind, desto wichtiger ist die physische Nähe und Zuwendung. Wenn jedoch die Hand, die streichelt, auch die Hand ist, die schlägt, wirkt das auf die Seele des Kindes mehr als destabilisierend. Letztlich zerstört es das Vertrauen in die geliebte Person. Das betrifft die Eltern wie auch spätere Partner im Erwachsenenleben des Kindes.

Auch ist die Grenze fließend zwischen dem angeblich so kleinen Klaps und einem „echten" Schlag. Irgendwann einmal fallen vielleicht alle Hemmungen, man legt viel Kraft in den Schlag und verletzt den kleinen Kinderkörper massiv.

So oder so: Ein Schlag schädigt stets beides: Körper und Seele. Stellen Sie sich einmal vor, ein Mensch, wesentlich größer als sie, käme wütend, vielleicht schreiend auf Sie zu und würde zum Schlag ausholen. Stellen Sie sich Ihre Panik, Ihr Grauen vor - das alles lösen Ihre aggressiven Gesten beim Kind aus. Es wird eingeschüchtert, verängstigt - aber nicht zuletzt auch verunsichert. Denn der gleiche Mensch liest ihm vielleicht eine Stunde später eine Gute-Nacht-Geschichte vor. Oder sagt ihm: „Du sollst nicht schlagen!" Stellen Sie sich einmal die Verwirrung und Verängstigung des Kindes vor, dann erübrigt sich eigentlich die Debatte, ob ein kleiner Klaps wirklich schaden kann.

Redewendungen wie „mir ist die Hand ausgerutscht", „war ja nur ein kleiner Klaps auf den Hintern" verniedlichen zudem das Problem der physischen Misshandlung des Kindes. Denn aus Sicht des Kindes war der Klaps sehr wohl schmerzhaft.

Werden Eltern handgreiflich, handelt es sich immer um eine doppelte Form der Gewalt: Erstens wird das Kind physisch verletzt, denn natürlich empfindet der kleine Körper den „kleinen Klaps" als schmerzhaft. Zweitens aber, und das ist weit schlimmer, schlägt der Mensch, den das Kind liebt und von dem es abhängig ist (das spüren schon ganz kleine Kinder), zu. Bei dem Kind entsteht also ein ambivalentes Gefühl den Eltern gegenüber - sie sind Quelle von Liebe und Schmerz zugleich.

Scheinbar kleine Klapse können das so wichtige Urvertrauen des Kindes in seine Eltern stören, gar zerstören. Gerade, wenn Eltern sehr impulsiv sind, aus kleinsten Anlässen wütend, laut und handgreiflich werden, kann das Kind Ursachen der elterlichen Gewalt kaum begreifen; das elterliche Verhalten wird dann undurchschaubar. Das Kind lebt in einer ständigen Unsicherheit und Angst davor, ob und wann die Eltern wieder handgreiflich werden. Jede Form von Gewalt - ob psychische oder physische Gewalt, wirkt auf die Psyche des Kindes, sorgt für enorme Ängste und Unsicherheit.

Einigen Kindern fällt es dann sehr schwer, ausgelassen zu sein und sie wirken melancholisch.

Andere Kinder werden ihrerseits extrem aggressiv, weil sie die elterliche Gewalt und deren physische Aggression als Normalität erleben. Nicht selten wirkt das bis in das Erwachsenenleben nach: Auch spätere Beziehungen sind dann von psychischer oder physischer Gewalt geprägt; meist wird der Grad an Gewaltsamkeit, weil er so normal erscheint, erst zu spät erkannt: Wenn sich der Ehemann oder die Ehefrau scheiden lässt; wenn die ehemals geschlagenen Kinder nun ihrerseits ihre Kinder schlagen.

Daher rührt wohl auch das gerne benutzte Argument: „Mir haben die Klapse auch nicht geschadet" - wenn die Gegenwart von physischer Gewalt, und das war früher noch viel häufiger der Fall, dazu führt, dass man den eigenen Kindern gegenüber gewalttätig wird, versucht man es eben zu rechtfertigen, indem man behauptet, die erlebte Gewalt sei spurlos an einem vorbeigegangen. Das ist sie wohl nicht. Häufig wirken solche Erfahrungen eher subtil in der Seele nach; tatsächlich wird nicht jeder Mensch, der als Kind geschlagen wurde, sozial auffällig. Aber gerade in sozialen Beziehungen offenbart sich dann womöglich ein konfliktgeladenes, aggressives Verhalten, das Beziehungen nachhaltig zerstört.

Das bedeutet also auch: Eine gewaltfreie Erziehung berührt nicht nur die gegenwärtige körperliche Unversehrtheit des Kindes, sondern auch dessen zukünftige Fähigkeit, Konflikte angemessen zu lösen und eine glückliche Beziehung zu einem Partner und den eigenen Kindern zu haben.

Betrachtet man nämlich die Lebensläufe von Eltern und Großeltern misshandelter Kinder, so fällt auf, dass die Misshandlungen sich häufig durch Generationen ziehen. Gewalt wird in diesem Familien zu einem Bestandteil von Normalität; solche Muster lassen sich nur schwer durchbrechen.

Missachtung des kindlichen Willens und der kindlichen Bedürfnisse

Gewalt hat viele Facetten. Ebenso eine, jedoch unterschätzte Form der Gewalt, ist die der Übertretung der Integrität des kindlichen Körpers und des kindlichen Willens. In der schlimmsten Form, dem Missbrauch des Kindes, werden Körper und Seele des Kindes Opfer sexueller Gewalt.

Neben diesen furchtbaren Formen der Gewalt am Kind gibt es weit weniger auffällige Formen, die jedoch auch nachhaltig auf das Kind wirken.

Dazu gehört, dass körperliche Grenzen des Kindes und Wünsche im Bezug auf den Körper von Erwachsenen nicht akzeptiert werden: Die Tante will einen Kuss geben und fragt das Kind nicht einmal. Der Onkel umarmt das Kind, obwohl es sich wehrt. Die Mutter zehrt das Kind am Arm, damit es schneller läuft. All das sind Situationen, in denen die körperlichen Grenzen des Kindes und sein Wille nicht akzeptiert und respektvoll behandelt werden. Das Kind bekundet seinen Widerwillen, die Erwachsenen hören jedoch nicht. Es versucht sich körperlich zu wehren, erlebt sich aber als schwach und kann physisch nicht entgegenhalten.

Kinder sollten lernen, im Bezug auf ihren Körper deutlich ihren Willen zu artikulieren und zu formulieren, wenn sie eine Berührung etc. nicht wünschen. Das ist auch ein wirksamer Schutz vor Missbrauch. Dafür müssen Eltern jedoch auch lernen, ihre physische Überlegenheit auszunutzen, indem sie das Kind dort hinbewegen, wo es hinsoll, zerren, ziehen oder drücken, auch wenn das Kind sich wehrt.

Das Kind sollte spüren, dass die Grenzen seines Körpers in zweierlei Hinsicht beachtet werden: Dass es keine Berührungen dulden muss, die es nicht dulden mag und, dass es nicht von den kräftigeren Erwachsenen einen fremden „Willen" aufgezwungen bekommt. Wille und körperliches Wohl fallen hier zusammen.

Schreien, Schimpfen, Toben

Elterliches Schreien oder das Erheben der Stimme kann auf die Kinder zweierlei Effekte haben: Manche Kinder sind einfach dauerhaft verstört und ängstlich. Wenn Eltern die Stimme erheben, wirkt das auf ihr Kind immer beängstigend.

Nicht umsonst zogen Krieger einst schreiend und trommelnd in die Schlacht: Schreie und laute Geräusche verschrecken uns. Denn er wirkt unmittelbar auf unser limbisches System, also unser entwicklungsgeschichtlich ältestes Hirnareal.

Es kommt dabei gar nicht darauf an, was wir schreien: Der Schrei an sich erzeugt Anspannung, Angst, Fluchtinstinkte. Für gewöhnlich kann das Kind nicht flüchten und ist mehr oder weniger ausgeliefert. Das Schreien und Schimpfen der Eltern wirkt also sehr angsteinflößend, ohne, dass das Kind sich aus der Situation befreien könnte.

Dass uns laute Geräusche und Schreie alarmieren, ist uns angeboren. Der Effekt ist auch genau deshalb so stark: Schreien wirkt nicht nur auf unser Bewusstsein; es wirkt auch auf eine unmittelbare, unterbewusste Art, die körperliche Reaktionen erzeugt: Wir sind alarmiert, Adrenalin wird ausgeschüttet, der Puls steigt.

Kinder, deren Eltern häufig laut werden, gar schreien, leben also in einem Zustand von Daueranspannung und ständiger potenzieller Gefahr. Das Hirn signalisiert dem Körper: Gefahr droht. Sind Körper und Geist von dieser scheinbaren Gefahr dauerhaft beschäftigt und gefesselt, kann sich die Entwicklung des Kindes verlangsamen. Schließlich bräuchte es all seine körperliche und seelische Energie für die vielfältigen Entwicklungsprozesse, die es durchläuft. So aber wird alle Kraft durch den Daueralarm im Gehirn und die darauf folgenden körperlichen Reaktionen aufgebraucht.

Achten Sie also genau darauf, wie Sie mit Ihrem Kind sprechen. Die Kommunikation auf Augenhöhe des Kindes ist ebenso wichtig, wie eine angemessene Lautstärke. Bedenken Sie auch: In einer akuten Gefahrensituation soll das Kind die Gefahr erkennen können, indem Sie Ihre Stimme heben und warnen. Wenn Sie dauerhaft laut sind, stumpft das Kind mehr und mehr ab und reagiert auf Rufe und Schreie nicht mehr.

Alles eine Frage der Erwartungen - Gründe für Erziehungsprobleme

Inwieweit hat eigentlich haben eigentlich unsere Erwartungen an das Kind - und vor allem: eine gute Einstellung zur Erziehung - mit Gewalt am Kind zu tun?

Viel mehr als Sie glauben! Denn unsere Vorstellung von Erziehung offenbart, was wir von unserem Kind erwarten und wie wir erreichen wollen, dass es gemäß unserer Erwartungen handelt.

Viele Eltern hegen schlicht unangemessene Erwartungen an das Kind, das es von vornherein nicht erfüllen kann. Manche Eltern projizieren eigene Wünsche auf ihr Kind. Wieder andere erwarten sich, ebenso unbewusst, die Erfüllung bestimmter Bedürfnisse durch das Kind. So oder so: Das Kind soll eine Rolle spielen, die es nicht spielen kann.

Erziehung galt im 18. und 19. Jahrhundert als Prozess, in dem die Ablagen des Kindes zur Entfaltung gebracht werden sollten. Noch heute glauben viele Eltern, man könne durch frühkindliche Englischkurse und Geigenunterricht ein kleines Genie formen. Bleibt das Kind dann hinter Erwartungen zurück, entsteht elterliche Unzufriedenheit. Man fühlt sich vielleicht als schlechtes Elternteil, wenn das Kind eine Lernschwäche hat oder keine schulischen Topleistungen erbringt.

Erziehung ist kein Zwangsmittel, das garantiert, dass das Kind sich auf die eine oder andere Art entwickelt. Hegt man diese Vorstellung, ist man schnell enttäuscht und frustriert. Und schiebt die Verantwortung hierfür dem Kind zu. Häufig wird dem Kind dann unbewusst signalisiert, es sei nicht gut genug - auch so eine Form psychischer Gewalt. Begreift man, dass ein Kind sich nach seinem eigenen inhärenten (also in ihm vorhandenen) Plan entwickelt, kann man sich und dem Kind viel mehr Gelassenheit angedeihen lassen, die alle - Eltern und Kind - fröhlicher und entspannter werden lassen.

Was ist eigentlich Erziehung?

Noch immer imaginieren Eltern ihre Kinder als eine Art Tabula rasa, ein leeres unbeschriebenes Blatt, oder einen Tonklumpen, den es durch Erziehung zu formen gilt. Die Vorstellung ist, dass es bewusster Einwirkung auf das Kind bedarf, damit es gut und moralisch wird, intelligent und wohlerzogen ist. Durch Erziehung, so dir Vorstellung, müsse man dem Kind seine Macken austreiben, es „gut" machen: Das ist eine überkommene Vorstellung von Erziehung. Aktiv können Sie Ihr weit weniger stark beeinflussen, als Sie glauben.

Tatsächlich sind Temperament und Neigungen häufig schon bei sehr jungen Säuglingen auszumachen. Es gibt sehr ruhige Säuglinge, und andere, die bereits mit einigen Wochen sehr wach oder eben auch sehr reizbar erscheinen. Man kann ein Kind nicht verändern. Erziehung wird insofern überschätzt, als dass Eltern glauben, sie sei eine Form der geschickten „Manipulation".

Tatsächlich kann man das Kind nicht manipulieren. Erziehung findet im Wesentlichen in alltäglichen Handlungen statt. Hier lernen Kinder sehr schnell elterliche Bigotterie kennen. Wenn Eltern zum Beispiel sagen, das Kind solle höflich sein, sie selbst sind dem Partner gegenüber jedoch unhöflich und aufbrausend, so erkennt das Kind diese Bigotterie schnell. Auch das „Geh nicht bei Rot über die Ampel" wirkt nicht überzeugend, wenn sich die Eltern selbst nicht daran halten.

Erziehung findet also im Wesentlichen, so paradox das auch klingen mag, bei den Eltern selbst statt. Indem Sie ein positives Vorbild sind, können Sie das Verhalten des Kindes positiv beeinflussen. Diese Erkenntnis ist sehr wichtig im Hinblick auf elterliche Wut auf das Kind: Viele Eltern haben kein Verständnis für das Handeln ihres Kindes, „wir haben dir das doch tausend Mal gesagt!" - Gesagt vielleicht schon, aber nicht dementsprechend gehandelt! Wenn Eltern kein gutes Vorbild sind, nützt alles Reden sehr wenig.

Manche Handlungen des Kindes konfrontieren uns damit eben auch mit uns selbst: Und das ist manchmal schmerzhaft, macht Angst oder erzeugt Wut: Nicht das Kind erzeugt diese Gefühle - sie sind bereits in uns, werden von dem kindlichen Verhalten berührt.

Verlogenheit und Heuchelei werden von jedem Kind adaptiert

Bisweilen legen Eltern unbeabsichtigt eine gewisse Bigotterie an den Tag, die ihnen selbst meist verschlossen bleibt, den Kindern jedoch nicht. Ein Kind schlägt sein kleines Geschwisterchen - die Mutter sieht es, haut dem Kind auf die Hand und sagt: „Du sollst nicht schlagen!". Solch ein Gebot wird auch von einem jungen Kind als das entlarvt, was es ist: schlicht verlogen.

Kinder werden dieses Verhalten adaptieren: Erstens sehen sie ja von den Eltern, dass diese auch schlagen. Zweitens lernen sie, dass Gewalt womöglich eine Frage des Stärkeren ist - die Mutter ist groß und stark, sie darf das. Das lässt fatale Ideen beim Kind entstehen, nämlich dass der Stärkere ein Recht auf Gewaltanwendung hat. Drittens wird das Kind nun vielleicht heimlich zuschlagen, damit es nicht getadelt wird - sein Verhalten wird es jedoch nicht ändern. Viertens lernt das Kind, dass ihm Nachteile entstehen, wenn es ehrlich ist und offen handelt, und dass es umgekehrt Vorteile gewinnt, wenn es seine Handlung heimlich ausführt. Das kann fatale Folgen haben. Es kann passieren, dass das Kind nachhaltig Dinge vor den Eltern verheimlicht. Fünftens muss das Kind erkennen, dass die elterlichen Regeln willkürlich gesetzt werden und schlimmer noch: nicht für die Eltern selbst gelten. All das zusammen erzeugt das fatale Bild, dass die Eltern unehrlich sind, dass man selbst unehrlich sein darf, um Schaden zu entgehen, und dass Regeln von und für Stärkere gemacht sind.

Spätestens mit sechs Jahren kann ein Kind diese Bigotterie entlarven und wird sie den Eltern auch vorhalten! Spätestens dann sollten sich Eltern dringend Gedanken über ihr doppeldeutiges Verhalten machen. Besser wäre jedoch diese Verlogenheit niemals dem Kind zu vermitteln.

Grenzen und Grenzüberschreitungen

Es kann Eltern in den Wahnsinn treiben - und extrem wütend machen - wenn Kinder sich nicht an gesetzte Regeln halten oder permanent Grenzen übertreten.

Hierzu muss zunächst gesagt werden: Grenzüberschreitungen sind per se nichts Schlimmes, wenn sie nicht permanent stattfinden. Jedes Kind wird, egal, wie sich die Eltern benehmen, in bestimmten Phasen seines Lebens bewusst oder unbewusst Grenzen überschreiten, um genau diese auszutesten. Hier nun gänzlich über zu reagieren und hart zu strafen, wäre zu viel des Guten.

Nur durch das Austesten von Grenzen erfahren Kinder, wie weit sie gehen dürfen - und wie ernst es Eltern mit Grenzsetzungen meinen. Es ist daher wichtig, gesetzte Grenzen strikt einzuhalten bzw. deren Einhaltung zu kontrollieren. Sonst wird das Kind permanent Grenzen austesten - eben, weil entweder keine Konsequenz folgt oder weil nicht klar ist, ob sie folgen wird. Das Kind will sich so des elterlichen Verhaltens versichern.

Erproben Kinder permanent Grenzen, erscheint das Eltern häufig wie eine Zermürbungstaktik. Sie werden damit an ihre eigenen Grenzen getrieben. Hieraus entsteht sehr häufig elterliche Verzweiflung, auf die bisweilen auch Gewalt folgt. Sie müssen sich aber fragen: Warum verstößt das Kind gegen Grenzen? Das Kind tut es nicht, weil es „böse" ist. Es ist sich seiner und ihrer Grenzen nicht bewusst. Häufig liegt das an elterlicher Inkonsequenz. Sie können sich und Ihrem Kind also helfen, indem Sie konsequent sind und Regeln einhalten bzw. deren Einhaltung kontrollieren.

Aber beachten Sie: Es gibt einen Unterschied zwischen Konsequenzen und Strafen. Konsequenzen sind ein Erziehungsmittel. Strafen sind ein Mittel der Unterdrückung.

Der Unterschied zwischen Strafe und konsequentes handeln beim Kind

Das Verwechseln von Konsequenz und Strafe ist ein weitverbreitetes Problem unter Eltern. Unbeabsichtigt erzeugen sie dadurch das Gegenteil von dem, was sie erreichen wollen.

Viele Eltern wissen mittlerweile - haben es in Fernsehsendungen gesehen oder in Erziehungsratgebern gelesen - dass man sein Kind konsequent erziehen soll.

Viele verinnerlichen hierbei jedoch falsche Vorstellungen und Programme. Konsequent zu erziehen hat nichts mit Strafen zu tun! Konsequenz heißt also nicht, eine erbotene Handlung, die nicht erfolgt, „konsequent" zu bestrafen. Vielmehr bedeutet Konsequenz erstens, dass aufgestellte Regeln konsequent von Eltern und Kindern zu achten sind (zum Beispiel keine Schokolade vor dem Essen) und dass Grenzübertretungen eine Reaktion erzeugen müssen.

Erster Punkt verweist darauf, dass einmal beschlossene Regeln beachtet werden müssen, dabei ist völlig egal, ob wenige grundlegende Regeln aufgestellt werden oder viele. Hauptsache, alle halten sich daran und achten auf deren Einhaltung. Der zweite Punkt besagt, dass ein Kind die Konsequenz einer Handlung begreifen muss. Das hat eben nichts mit Strafe zu tun.

Beispiel: Das Kind hat eine Vase kaputtgemacht, weil es - entgegen aller Regeln - in der Wohnung mit dem Ball gespielt hat. Eine Strafe wäre nun, dem Kind das

Fernsehschauen zu verbieten. Denn Strafe und Handlung haben nichts miteinander zu tun. Konsequent wäre es, den Ball nun nur noch herauszugeben, wenn das Kind zum Spielen herausgeht. Natürlich ist es auch wichtig, auf den Wert der Vase aufmerksam zu machen - und zum Beispiel einen Teil des Taschengeldes einzubehalten, um den Schaden zu ersetzen.

Wichtig ist, dass Fehlhandlung und Konsequenz in inhaltlichem und zeitlichem Zusammenhang stehen. Deswegen ist es auch ungünstig zu sagen: „Wenn wir nach Hause kommen, dann..." Liegen Konsequenz/ Strafe und Handlung zeitlich lange auseinander, kann das Kind keine Verbindung mehr dazwischen herstellen. Es fühlt sich dann einfach in jeder Hinsicht schlecht und unfair behandelt.

Und genau das ist das Problem der Strafe: Eine Strafe erzeugt bei dem Kind das negative Gefühl, ungerecht behandelt zu werden. Das führt nicht zu dem Wunsch, in Zukunft Regeln einzuhalten. Vielmehr führt es dazu, unerwünschtes Verhalten heimlich auszuführen, so dass es die Eltern nicht merken.

Eine Konsequenz bewirkt hingegen, dass das Kind sein Fehlverhalten einsieht. Dafür ist auch wichtig, dem Kind noch einmal zu erklären, was es falsch gemacht hat. Je konsequenter Regeln beachten werden, desto weniger „Reibungspunkte" entstehen zwischen Eltern und Kind. Das gemeinsame Leben ist dann entspannter. Und so entsteht auch viel weniger Anlass zu elterlicher Wut, die potenziell psychische oder physische Aggression nach sich zieht.

Elterliche Aggressionen - Ursachen, Wirkungen, Strategien zur Vorbeugung und „Behandlung"

Beobachten Sie einmal genau, wann Sie besonders wütend und aufbrausend werden. Aggression ist zumeist eine psychische Reaktion auf Ängste oder Kränkungen. Das können häufig sehr tiefsitzende (in der eigenen Kindheit gemachte) Erfahrungen sein. Manchmal gelingt es, diese Emotionen bewusst zu hinterfragen und sie so zu verstehen. Bei starken aggressiven Reaktionen lohnt es sich auch, die Hilfe eines Therapeuten in Anspruch zu nehmen, besonders, wenn man das Gefühl hat, ständig aggressiv und sehr gereizt zu sein.

Wir denken häufig: „Das Kind macht mich wütend." Tatsächlich aber gibt es viele Gründe für uns, wütend oder aggressiv zu sein. Manchmal ist das Kind nur der „Katalysator" oder hat im Grunde gar nichts mit unserer Wut zu. In jedem Fall ist die Beziehung zwischen kindlichem Verhalten und unserer Wut nicht so direkt, wie wir glauben. Der Schlüssel zur Vermeidung von Aggression am Kind liegt in der Erkenntnis, woher die Aggression in uns wirklich stammt.

Auch Erwartungsdruck und Stress im Job oder in der Paarbeziehung tragen enorm zu einer allgemeinen Gereiztheit bei, die letztlich einen negativen Einfluss auf das Vermögen, adäquat auf das kindliche Verhalten zu reagieren, ausübt. Stress und Druck minimieren dann die Fähigkeit, das Geschehen mit den Augen des Kindes zu betrachten. Viele Konflikte und Auseinandersetzungen wären aber vermeidbar, wenn man sich auf das kindliche Denken und Fühlen einlassen könnte.

Erwartungsdruck und eigene Ansprüche

Gründe für Aggressionen dem eigenen Kind gegenüber gibt es viele. Interessanterweise liegen diese Gründe aber selten bei dem Kind - zum Beispiel wenn es eine wirklich unerhörte Handlung ausführt.

Viel häufiger kollidieren wir Eltern mit unseren eigenen Erwartungen, den Anforderungen des täglichen Lebens, unserem Perfektionismus. Meist stehen wir so stark unter Druck, dass auch kleine Gesten kindlichen Wiederwillens uns wütend machen. Nicht selten sind elterliche Nerven bis zum Reißen gespannt. Es ist nicht einfach, hier einen kühlen Kopf zu bewahren.

Was hilft, ist zu erkennen, dass viel von dem Druck, der auf den elterlichen Schultern lastet, gelindert werden kann, indem man sich von zu strengen Erwartungen an sich selbst befreit. Ist man einmal von überhohen Erwartungen befreit, lässt sich das Leben, vor allem mit Kindern, viel leichter angehen.

Zuallererst gehört dazu, die Idee aufzugeben, man könne perfekt sein: Ein perfektes Elternteil, das perfekt im Job funktioniert und einen perfekten Haushalt führt. Das ist eine sehr romantische Vorstellung: In Realität wohl aber kaum anzutreffen. Und: Gerade das Chaos, das Kinder manchmal mit sich bringen, sollte man nicht nur tolerieren, sondern auch mal genießen können. Kinder bieten Erwachsenen die Chance, ihre Prioritäten und Einstellungen zu überprüfen.

Denn meist wollen wir nicht in erster Linie vor uns selbst „funktionieren" (und das erwarten wir auch von unserem Kind), sondern vor allem auch vor unserem sozialen Umfeld.

Man erkennt schnell, dass es vor allem Stress und Erwartungsdruck sind, die uns wütend, aggressiv - manchmal auch handgreiflich werden lassen.

Besonders wenn sich das Kind in der Öffentlichkeit, vor den Großeltern/ Schwiegereltern nicht gut benimmt, haben Eltern häufig den Eindruck, das schlechte Verhalten des Kindes würde auf sie selbst „zurückfallen" und sie als schlechte Eltern dastehen lassen, die nicht dazu in der Lage sind, ihr Kind zu erziehen.

Dieser Gedankengang offenbart auch eine weitere Ursache für Gewaltneigungen von Eltern: Man betrachtet das Kind quasi als Teil seiner selbst. Gehorcht dieser Teil des eigenen Selbst nicht, so erzeugt das Wut, ganz so, als würde ein Körperteil seinen Dienst nicht tun. Und diese Wut wird dann an dem Kind ausagiert. Eltern fühlen sich dann sozusagen verantwortlich für das Fehlverhalten des Kindes: Sie spüren die Blicke der anderen Erwachsenen, empfinden Scham und Wut. Letztlich wird das Gefühl aber nicht von dem Kind ausgelöst, sondern von der „Blöße", die man sich vor anderen geben muss. Es ist wichtig hier festzustellen: Dieses Gefühl entsteht in uns Eltern. Nur in uns können wir es bekämpfen.

Ein weiteres Problem offenbart sich in dem elterlichen Wunsch, auf keinen Fall „wie die eigenen Eltern zu sein". Man erkennt meist sehr genau, was die eigenen Eltern nicht gut gemeistert haben und wo es Probleme in der Erziehung gab. Daraus entsteht eine genaue Vorstellung davon, wie man als Elternteil sein möchte. Scheitert man dann an den selbstgesetzten Maßstäben, erzeugt das Wut auf sich selbst, aber auch Ängste: Die Angst, zu versagen, die Angst, nicht gut genug zu sein.

Ängste aber fesseln uns und hindern uns letztlich daran, unser Leben mit dem Kind weitestgehend konfliktfrei gestalten zu können.

Was tun, wenn die Wut überhandnimmt?

Grundsätzlich kann man sagen: Wann immer Sie spüren, dass eine Situation mit Ihrem Kind Sie überfordert oder an Ihre persönlichen Grenzen treibt - und das passiert praktisch allen Eltern irgendwann einmal - sollten Sie ein paar Verhaltensregeln beherzigen:

Verlassen Sie zunächst am besten den Raum. Gehen Sie sicher, dass sich das Kind in einem für es sicheren Raum aufhält - bei kleinen Kindern ist das Bettchen gut geeignet. Gehen Sie in ein abschließbares Zimmer. Atmen Sie tief durch, zählen Sie bis zehn - der Trick ist banal aber hilft meist.

Häufig kommen Eltern in solchen Situationen Tränen; sie sind verzweifelt. Lassen Sie die Traurigkeit, Wut oder Verzweiflung heraus. Jedes Elternteil erlebt Situationen, in denen es vollkommen überfordert ist. Wenn der Säugling scheinbar grundlos stundenlang schreit, schafft es kein Elternteil, ruhig und gelassen zu bleiben.

Um das Kind zu schützen, ist es sinnvoller, den Raum für eine Weile zu verlassen, als das Baby zu schütteln oder zu schlagen. Dies kann schlimmstenfalls tödlich enden.

Bei größeren Kindern ist es ratsam, einen abschließbaren Raum zu wählen, weil es ja hinterherkommen kann. Das Kind wird durch Ihr Verhalten nun seinerseits stark verunsichert sein, vielleicht an der Tür hämmern, weinen, schreien. Sagen Sie ihm, dass Sie gleich wieder herauskommen werden, dass es bis dahin aber warten muss.

Bis Sie sich beruhigt haben, bleiben Sie im Raum. Meist weinen Kinder nun bitterlich oder sind bockig. Nehmen Sie Ihr Kind anschließend, wenn Sie sich selbst beruhigt haben, ruhig beiseite und erklären Sie ihm, warum Sie rausgegangen sind. Das Kind soll verstehen, dass sein aggressives Verhalten bei Ihnen zu einer Reaktion führt: Wenn Sie sich ihm entziehen, empfindet das Kind das womöglich als „Strafe". Das ist dann aber allemal besser, als ein Schlag. Sie können, indem Sie Ihre Handlung erklären, dem Kind ein Bewusstsein dafür vermitteln, dass auch Sie ein Mensch mit Bedürfnissen und Gefühlen sind, dass Sie persönliche Grenzen haben, die überschritten wurden, dass Sie traurig sind.

Aber auch dabei ist Vorsicht geboten. Botschaften wie „Du hast mich traurig gemacht" sind zu vermeiden, weil dem Kind so eine Schuld zugewiesen wird/ bei dem Kind Schuldgefühle entstehen, die kontraproduktiv sind, und sich meist in die kindliche Seele einfressen.

Besser ist es zu sagen „Ich war traurig weil die Situation ...", d. h. man schiebt die Verantwortung nicht dem Kind zu, sondern verweist auf eine konkrete Situation oder Handlung.

Vermeiden Sie „Du-Botschaften" und sprechen Sie von Ihren Gefühlen. Erklären Sie dem Kind die Situation anhand von Ursache und Wirkung: Wenn wir streiten, macht mich das wütend...

Bei einem Baby funktioniert all das natürlich nicht. Manchmal stellen Eltern zu Ihrer Verwunderung jedoch fest, dass Sie, nachdem Sie den Raum verlassen haben und sich etwas beruhigt und entspannt haben, sie das Baby doch noch beruhigen können.

Manchmal hilft es schlicht, zunächst sich zu beruhigen, bevor man das Kind beruhigen möchte. Und auch hier gilt: Suchen Sie sich Hilfe! Je mehr Unterstützung aus Familie und Freundeskreis Sie haben, desto besser.

Kinder fordern uns; nicht selten überfordern sie uns. Sie kennen sicher das afrikanische Sprichwort, dass es ein Dorf braucht, um ein Kind großzuziehen. Und wenn es auch abgedroschen klingen mag: Natürlich steckt eine Wahrheit darin. Unterstützung hilft Ihnen, Überforderungssituationen zu vermeiden.

Wenn Sie nicht das Glück haben, einen helfenden Partner an ihrer Seite zu haben, sollten sie sich im weiteren Familienumfeld Helfer suchen. Auch Freunde können Sie zumindest zeitweilig unterstützen.

Schwächen eingestehen, professionelle Hilfe suchen

Wenn Sie das Gefühl haben, dass Sie niemanden haben, der ihnen helfen kann, sollten Sie sich professionelle Unterstützung suchen.

Das muss nicht immer das Jugendamt sein - kann es aber. Mittlerweile gibt es viele gemeinnützige Vereine und Gruppen, die Großeltern oder erfahrene Eltern als Familienhelfer „ausleihen". Diese können entlasten und wertvolle Tipps geben.

Das wichtigste ist vielleicht das Gefühl, dass die Überforderung normal ist, dass man ihrer Herr werden kann, und das man nicht nur Opfer einer Situation ist, sondern aktiv tätig werden kann. Je geringer das Gefühl der Hilflosigkeit, desto geringer die Gefahr, aggressiv und gewalttätig zu werden.

Viele Eltern haben Angst vor dem Gang zum Jugendamt, weil sie fürchten, man nehme ihnen das Kind weg. Das Jugendamt greift zu diesem Mittel aber nur, wenn das Kindeswohl akut gefährdet ist. Das Jugendamt bietet viele Hilfen zur Erziehung und Angebote, für überforderte Eltern.

Wenn Sie sich trotzdem nicht an das Jugendamt wenden wollen, gibt es auch viele gemeinnützige Initiativen, Familienhebammen und psychologische Beratungsstellen, die Ihnen Hilfsangebote unterbreiten können.

Je nach dem, was Sie brauchen - psychologische Beratung oder praktische Hilfe im Alltag, kann die eine oder andere Stelle Ihnen besser helfen. Meist kann man sich über diese Angebote auch auf den Seiten des städtischen Jugendamtes informieren; das Jugendamt bietet also Kontaktinformationen, man muss jedoch nicht direkt mit dem Jugendamt Kontakt aufnehmen.

Häufig schmerzt es, sich Überforderung einzugestehen. Letztlich sind wir jedoch alle Menschen; das Gefühl der Überforderung ist ebenso menschlich. Häufig treffen im elterlichen Leben viele ungünstige Situationen zusammen: Belastungen im Beruf, womöglich eine Scheidung, die Kinder durchlaufen eine schwierige Entwicklungsphase... gerade, wenn viele Probleme gemeinsam auftreten, wachsen sie uns schnell über den Kopf.

Sich einzugestehen, dass man Hilfe braucht, ist kein Zeichen von Schwäche. Darin liegt sogar eine Stärke. Umgekehrt sind Aggression und Gewalt die größten Ausweise unserer eigenen Schwäche. Erkennen wir das, können wir uns leichter Hilfe suchend an Fremde oder Familienmitglieder wenden.

Kommunikation zwischen Eltern und Kindern richtig gestalten

Viele Eltern befolgen gutgemeinte Erziehungstipps aus Ratgebern und wollen mit ihrem Kind kommunikativ Konflikte lösen. Sie stoßen dabei jedoch häufig auf ein Problem. Die Kommunikation zwischen Eltern und Kind ist in mehrfacher Hinsicht nicht gleichberechtigt und kann es im Grunde auch nicht sein.

Erstens, weil Eltern letztlich so oder so immer das letzte Wort haben. Bei ihnen liegt also die Entscheidungsbefugnis - und letztlich auch die Verantwortung.

Wichtiger aber ist, dass die Eltern naturgemäß über größere kommunikative Mittel verfügen als das Kind. Es gibt zwar Kindergartenkinder, die sehr kluge Einwände äußern, einige schaffen es sogar, die Eltern kommunikativ durch Warum-Fragen zu verunsichern. Trotzdem verfügen Eltern über mehr sprachliche Gewalt - dazu gehören Wortschatz, argumentative Strategien, ja sogar Lautstärke. Obwohl Kinder bisweilen beeindruckende Lautstärken erreichen können.

Viele Eltern reden bei dem Versuch, ihrem Kind zum Beispiel die Notwendigkeit einer Handlung zu erklären, das Kind quasi in Grund und Boden, Es ist zwar wichtig und gut, dem Kind Handlungen zu erklären. Je kürzer und prägnanter aber die Erklärung ist, desto besser.

Noch etwas: Im Alltag verwenden wir Floskeln, die jeder Erwachsene versteht. Manche Kinder nehmen diese

Floskeln aber wörtlich, was dann vor allem Unverständnis erzeugt.

Beispiel: Anstatt zu sagen „Du siehst jetzt nicht fern!", während das Kind gerade fernsieht, sollte man sagen: „Hör bitte auf, fernzusehen!". Natürlich versteht jeder Erwachse, dass der erste Satz das gleiche bedeuten soll wie der zweite. Aber Kinder tendieren dazu, Sprache wortwörtlich auszulegen.

Rhetorische Formen wie zum Beispiel Ironie können Kinder teilweise erst mit sieben bis zehn Jahren verstehen! Sätze wie: „Das hast du aber ganz toll gemacht!" für eine offensichtlich schlechte Handlung verwirren das Kind, denn es nimmt sie wörtlich.

Achten Sie also darauf, klar und präzise zu sprechen bzw. die eigene Sprache auf schwer verständliche Floskeln zu überprüfen. Je klarer und verständlicher die Sprache, desto eher empfindet sich das Kind im Gespräch auf Augenhöhe mit Ihnen.

Den Begriff Augenhöhe können wir im doppelten Wortsinne fassen: Im Sinne des (nicht-) hierarchischen Verhältnisses zwischen Eltern und Kind, aber auch ganz banal im physischen Sinne.

Auf Augenhöhe kommunizieren

In der Kommunikation zwischen Eltern und Kind spielt - bewusst oder unbewusst - Hierarchie stets eine Rolle.

Die Eltern sind größer, stärker, eloquenter. Selbst wenn größere Kinder es schaffen, ihren Eltern argumentatorisch das Wasser zu reichen (und das geschieht verblüffend schnell und oft), sitzen die Eltern am Ende doch immer am längeren Hebel. Die Beziehung zwischen Eltern und Kindern weist also ein Machtgefälle auf.

Dieses Machtgefälle ist für das Kind psychisch und physisch spürbar. Nicht selten fühlt sich das Kind machtlos den Eltern gegenüber. Das erzeugt Gefühle von Ohnmacht und Wut, die sich ihren Weg bahnen.

Gerade wenn Eltern die aufgestellten Regeln, deren Einhaltung sie von den Kindern einfordern, selbst nicht beachten, kommen sich Kinder schnell extrem ungerecht behandelt vor. Daher ist es nicht nur wichtig, gesetzte Regeln auch selbst zu beachten: Je größer das Kind ist, desto mehr Einfluss sollte es auch auf Regelsetzungen haben.

Je mehr Verantwortung es übernehmen soll - im Haushalt, in der Schule, den Geschwistern gegenüber - desto mehr Mitspracherecht sollte es auch in der Familie gewinnen. Denn erlebt sich das Kind als macht- und sprachlos den Eltern gegenüber, entstehen häufig zahlreiche Konflikte, die wiederum zu elterlicher und kindlicher Wut führen können.

Gespräche auf Augenhöhe bedeuten gerade bei kleinen Kindern jedoch auch, sich bewusst während der Ansprache des Kindes auf dessen Augenhöhe zu begeben, um ihm zu signalisieren: Ich begebe mich auf deine Ebene, ich kommuniziere mit dir auf Augenhöhe.

Denn nicht selten verläuft Eltern-Kind-Kommunikation im physischen Sinne hierarchisch, nämlich von oben herab. Dieses von oben herab behandeln des Kindes wird als „Gewaltform" unterschätzt: Es handelt sich dann eben um eine Machtdemonstration, durch die sich das Kind noch kleiner und machtloser fühlt. Wer sich macht- und wehrlos fühlt, wird verängstigt oder wütend reagieren. Letztlich können also auch solche scheinbar harmlosen Details Einfluss auf die Psyche des Kindes nehmen.

Für eine Kommunikation auf Augenhöhe ist es zudem wichtig, dem Gegenüber - in diesem Fall dem Kind - konkrete Wertschätzung zu vermitteln. Dies gelingt, indem man Anerkennung und Lob verbal konkret äußert und dem Kind damit in jeder Hinsicht vermittelt: Du bist wertvoll und gut. Sie glauben gar nicht, wie viele Kinder und Erwachsene daran zweifeln, dass es so ist - dass sie einen Wert aus sich heraus besitzen. Es kann also nie schaden, es dem Kind (und sich selbst) von Zeit zu Zeit zu sagen.

Gefühle durch Sprache und Stimme ausdrücken

Schon die Art, wie man mit seinem Kind spricht, kann diesem eine Botschaft von Liebe oder eben Ablehnung vermitteln. Neben der Tatsache, dass man sich auf die Ebene des Kindes begibt und gleichzeitig auch versucht, sich in das kindliche Denken hineinzuversetzen, sollte man bei der Kommunikation auch ganz generell auf Tonfall und Klang der Stimme achten. Denn gerade auch darin vermitteln wir liebevolle Zuwendung und Achtung.

Eltern, die ihre Kinder ständig lautstark anblaffen, senden auch die Botschaft - ob beabsichtigt oder nicht: Du nervst, ich mag nicht mit dir reden! Allenfalls Befehle erhalten die Kinder dann. Ständige elterliche Gereiztheit kann bei einem Kind zu einem Gefühl von Verzweiflung und Schuld führen.

Man sollte solch einen Tonfall an sich registrieren können - und dann eben auch abstellen. Denn früher oder später wird das Kind diesen Tonfall adaptieren. Die eigenen Worte oder den eigenen Tonfall plötzlich aus des Kindes Mund zu vernehmen, erschrickt einige Eltern sehr. Spätestens dann sollte man sich des Problems bewusst werden.

Wie oben bereits angedeutet, erzeugen ständiges Schreien und Schimpfen eine Daueranspannung beim Kind. Es verinnerlicht zudem unbewusst diese Verhaltensweise, schreit dann meist auch vehement und benimmt sich auch ansonsten aggressiv. Und diese aggressiven Verhaltensweisen werden dann wiederum von den Eltern durch aggressive Anfälle quittiert. Ein Teufelskreis entsteht. Hieraus kann man sich nur durch das gänzliche Umstellen der kommunikativen Strukturen befreien. Dazu benötigt es nicht nur eine Einsicht in die Notwendigkeit.

Viele Eltern haben es selbst nicht anders erlebt und nehmen Schreien/ geäußerte Aggressionen als alltäglich und normal wahr. Diese Eltern benötigen eine Einsicht und starken Willen, ihr kommunikatives Verhalten zum Wohle ihres Kindes - und ihrer selbst - zu ändern.

Klarheit: Eine kommunikative Grundregel

Wie oben bereits angeschnitten, ist ein großes Problem die Art, wie Eltern mit Kindern kommunizieren. Dazu gehört auch, dass Eltern sprachlich nicht klar machen dass sie etwas verlangen. Bei den Eltern entsteht das Gefühl: Ich verlange etwas und das Kind hört nicht. Bei dem Kind entsteht meist Unverständnis. Vielen Eltern fällt es schwer, ein Verlangen zu äußern. In der Furcht, zu barsch zu klingen, formulieren sie ihre Anweisung oder Bitte als Frage.

Ein Beispiel: Wenn man will, dass das Kind sein Zimmer aufräumt, so muss man das sagen: „Bitte räum jetzt dein Zimmer auf!" Viele Eltern neigen stattdessen dazu zu fragen: „Räumst du jetzt dein Zimmer auf?" Fakt ist: Wenn man eine Anweisung formuliert, dann sollte man das auch konkret tun. Das heißt nicht, dass man nicht höflich sein darf. Höflichkeit ist im Gegenteil Pflicht, das sollte auch Ihr Kind verinnerlichen.

Eine Frage aber ermöglicht dem Befragten ja stets, abzulehnen und zu verneinen. Wir müssen uns dann also nicht wundern, wenn das Kind sagt: „Nö, mach ich nicht!" Zudem das Kind dann meist provokativ nein sagen wird, eben aus Prinzip.

Festzuhalten ist also: Eltern müssen ihre Forderungen an das Kind sprachlich klar und verständlich ausdrücken. Wenn man etwas verlangt, dann muss das auch konkret so gesagt werden. So erspart man sich viel Ärger, Mühe und Diskussionen.

Nicht überzeugen, sondern Verständnis erzeugen

Seit es menschliche Kommunikation gibt, dreht sich das Ziel der gemeinsamen Kommunikation immer auch um die Frage: Kann ich den anderen überzeugen? Römische und griechische Rhetoren schrieben ganze Traktate über die Kunst des Überzeugens.

Dieses Überzeugen-wollen ist aber letztlich immer auch ein „aggressiver Akt": Man will einem anderen seinen Willen oder seine Überzeugung aufdrängen. Auch Eltern begehen häufig den Fehler, ihre Kinder von der Richtigkeit oder der Falschheit von Äußerungen oder Handlungen überzeugen zu wollen. Und das mit sprachlichen Mitteln wie dem Überreden, dem Schreien, dem Einreden usw.

Das Kind kann solche Botschaften aber entweder gar nicht umsetzen - oder es akzeptiert sie scheinbar, stimmt innerlich jedoch nicht mit ihnen überein (eine Handlung wird dann nicht als schlecht erkannt, es wird eher der Versuch unternommen, sie heimlich zu begehen). Weil die Regeln für es keinen Sinn ergeben.

Ein Kind wird also nur dann Regeln und Werte als sinnvoll begreifen, wenn diese kommunikativ und durch konkrete Handlungen sinnvoll vermittelt werden.

Gewaltfreie Kommunikation nach Marshall B. Rosenberg

Viele der oben genannten Punkte zum Thema Kommunikation zwischen Eltern und Kind gehen auch auf Marshall B. Rosenberg und sein Konzept der gewaltfreien Kommunikation zurück.

Über das Studium von Gewaltexzessen - zum Beispiel bei den Rassenunruhen in den USA - gelangte Rosenberg zu einer Einsicht: Gewalt entsteht da, wo Individuen den Eindruck gewinnen, ihre Bedürfnisse werden nicht ernst genommen. Daraus entsteht Verzweiflung, die sich dann wiederum in Form von Wut ausagiert.

Was für die Gesellschaft und sozial Gruppen gilt, gilt natürlich auch für die Familie. Und zwar für Eltern und Kinder gleichermaßen! Kinder haben Wutanfälle, weil sie sich nicht ernst genommen fühlen oder Erwachsene keine Rücksicht auf ihre Bedürfnisse nehmen. Eltern empfinden Wut, wenn das Kind sich widersetzt und nun damit den elterlichen Bedürfnissen nach Entspannung, Stressfreiheit usw. Wut entgegensetzen.

Rosenbergs Konzept gewaltfreier Kommunikation verfolgt das Anliegen, Kommunikation im Alltag so zu gestalten, dass der andere nicht gewaltvoll überzeugt wird: Vielmehr soll die Kommunikation so gestaltet werden, dass das Gegenüber Botschaften annehmen und verinnerlichen kann. Grundlage dafür ist ein sensitives Gesprächsverhalten - dieses wiederum bewirkt eine Verbesserung des sozialen Miteinanders und verbreitet allgemein ein gutes Gefühl.

Ein wichtiger Bestandteil des Konzeptes ist das aktive Zuhören. Aktives Zuhören meint, dass man nicht nur mehr oder weniger aufmerksam zuhört, sondern auf die Äußerungen des anderen reagiert. Bei einem Eltern-Kind-Gespräch könnte das so aussehen:

Der Vater holt seine Tochter vom Kindergarten ab. Sie erzählt ihm aufgeregt, dass die Kinder im Garten einen Maulwurf beobachtet haben. Der Vater ist gestresst und hängt mit seinen Gedanken am Büro. „Jaja" sagt er.

Was zeigt er seinem Kind damit? Unbewusst signalisiert er, dass er eben nicht zuhört und nicht am Erleben und Empfinden des Kindes Anteil nimmt. Das Kind fühlt sich zurückgewiesen, ignoriert, missachtet. Das fördert natürlich nicht gerade das Verhältnis zwischen Tochter und Vater. Wenn das Mädchen das Gefühl hat, er höre ihr ja ohnehin nicht zu, wird sie sich mit Anliegen auch nicht mehr an ihn wenden. Schlimmer noch ist aber die subtile Botschaft: Das interessiert mich eigentlich gar nicht. Deine Freude (oder Traurigkeit) ist mir egal.

Aktives Zuhören würde so aussehen: In der ersten Stufe würde der Vater seinem Kind durch Tonfall und Worte zeigen, dass er Anteil nimmt: „Ach ja? Das klingt ja spannend!" Nun wird das Kind beginnen, mehr zu erzählen. Wirklich aktiv wird das Zuhören, wenn der Vater nun Nachfragen stellt und das Kind so ermuntert, zu erzählen und seine Erlebnisse zu teilen: „Wie sah der Maulwurf denn aus? Wo habt ihr ihn entdeckt?" Aus der Antwort des Kindes ergibt sich eine neue Frage usw. Dem Kind wird signalisiert: Ich finde es spannend, was du erlebt hast. Ich interessiere mich für dich, deinen Tag, deine Gefühle. Ich habe ein offenes Ohr für dich.

Wichtig sind dabei nicht nur die Worte, sondern auch Tonfall, Blickkontakt, Berührungen. Alles also, was Aufmerksamkeit und liebevolle Zuwendung signalisiert.

Lebensentfremdende Kommunikation vermeiden

Unter Lebensentfremdender Kommunikation versteht Rosenberg solche Kommunikationsformen, die bei dem anderen so schlechte Gefühle erzeugen, dass sie zwangsläufig zu Wut und Aggression führen.

Dazu gehören zum Einen moralische Urteile: „Du bist so ungerecht (gerne von Teenagern verwendet)", „das war jetzt wirklich böse von dir!" Statt die Handlung zu bewerten, wird ein moralisches Urteil über das Gegenüber gefällt, das besagt: Du bist schlecht, unmoralisch, böse usw. Das ist eine drastische Form der Abwertung. Das erzeugt Schuldgefühle und zerstört das Selbstwertgefühl: Ich bin schuld, ich bin schlecht.

Mangelnder Selbstwert und Schuldgefühle werden psychisch kompensiert. Durch Selbstverletzungen, Aggressionen, Wutausbrüche, Depressionen - alles verhindert ein glückliches Leben und angenehmes soziales Miteinander.

Eine wichtige Regel für Eltern lautet daher: Nie sollte das Kind als Mensch kritisiert werden, sondern vielmehr seine inkorrekte Handlung: „Es war gemein, deinen Bruder zu hauen." Gleichzeitig kann man versuchen, Verständnis für die Ursache des Handelns zu zeigen und damit die Handlung auch für das Kind verständlich zu machen (denn das Kind wird von seinen Impulsen ja selbst häufig überrascht). „Ich weiß, dass dein Bruder dir das Spielzeug weggenommen hat und du deswegen wütend warst. Hauen darfst du ihn aber trotzdem nicht. Bitte ihn, es dir wiederzugeben oder bitte mich um Hilfe." Damit ist dem Kind dann auch ein Ausweg aus der impulsiven Handlung gewiesen; man zeigt ihm Handlungsalternativen auf; dadurch, dass man Verständnis für das Kind äußert, signalisiert man zugleich, dass man seine Gefühle versteht (und dafür muss man sich ja auch tatsächlich auf die kindlichen Gefühle einlassen).

Kinder verstehen und verinnerlichen Regeln. Und Eltern müssen sich auf die kindlichen Gefühle einlassen - insgesamt wird das soziale Gefüge gestärkt; mehr Verständnis füreinander bedeutet weniger Konflikte. Weniger Konflikte bedeuten weniger Anlass zu Wut und Aggression.

Der zweite wichtige Punkt bei Rosenberg: Wir neigen dazu, Ursachen für eigene Gefühle auf andere zu schieben: Man hört von Eltern nicht selten: „Ich bin so traurig, weil du dich so schlecht benommen hast!" Aber warum sollte schlechtes Benehmen des Kindes zu elterlicher Traurigkeit führen? Vielleicht, weil Eltern das Gefühl haben: Das Kind ist undankbar. Aber all das ist eben ein elterlicher Gedanke, und muss als solcher erkannt werden. Die Lösung liegt in den Eltern selbst.

Natürlich soll das Kind wissen, dass seine Handlungen Konsequenzen haben. Und das können auch schlechte Gefühle bei den Eltern sein. Wichtig ist aber, genau zu prüfen, welches Gefühl durch das Kind erzeugt wird - und was in uns selbst steckt. Wenn das Kind durch eine Handlung Wut oder Traurigkeit erzeugt, kann man das thematisieren, aber nicht als Vorwurf, sondern indem man über seine Gefühle spricht: „Ich möchte nicht, dass du so laut rum rumschreist, dann tun meine Ohren weh und ich bekomme schlechte Laune." Es wäre gut anzufügen: „Ich verstehe, warum du wütend warst. Du hast nicht bekommen, was du wolltest..."

Der dritte Aspekt lebensfremder Kommunikation: Forderungen können überfordern. Der Unterschied zwischen Forderung und Bitte liegt in der Möglichkeit des Gegenübers, das Erbeten zu verweigern. Entgegnet jemand auf die Bitte ein Nein, so ist dies legitim. Häufig werden Forderungen als Bitten vorgetragen. Werden sie dann aber abgelehnt, zeigt sich ihr wahres Gesicht: Wird die Forderung nicht erfüllt, drohen Sanktionen.

Eltern benutzen gerne die Sanktion des Liebesentzuges - und sind sich dessen meist nicht bewusst. „Wenn du das nicht machst, bin ich traurig" - das ist eine Forderung verbunden mit einer Drohung und Sanktion. Auch hier werden Schuldgefühle und Wut erzeugt. Um das Dilemma von Forderung/ Bitte zu vermeiden, müssen beide jeweils sprachlich adäquat formuliert werden: „Holst du mir bitte...?"/ „Bring mir bitte...!" Der Unterschied ist klein, aber wesentlich.

Bereits kleine Änderungen im Kommunikationsverhalten können bewirken, dass sich Art und Zweck des kommunikativen Verhaltens drastisch verändern. Es ist wichtig, dem anderen im Gespräch zu signalisieren, dass man ein offenes Ohr für seine Bedürfnisse hat. Und es ist wichtig, die eigenen Bitten auf die Frage hin zu überprüfen, ob man tatsächlich bittet oder etwas einfordert: Ist man sich selbst des Unterschiedes bewusst, wird die Reaktion des Gegenübers verständlich.

Auf diese Art können von vornherein vielfältige Konflikte vermieden oder zumindest gelöst werden.

Schlussbemerkung

Konflikte entstehen aus dem Widerstreit von Bedürfnissen. Und da, wo Menschen zusammenleben, werden stets Bedürfnisse kollidieren. Wichtig ist also ein Ausgleich zwischen widerstreitenden Bedürfnissen, um nicht dauerhaft Bedürfnisse verleugnen zu müssen. Denn das tut weder Eltern noch Kindern gut.

Werden Konflikte bewältigt, minimiert sich das Risiko für gewalttätige (auch im psychischen Sinne) Auseinandersetzungen. Wer die kindliche Wut und Frustration versteht, muss nun ebenfalls nicht mit Wut, Aggression und Verzweiflung reagieren, sondern kann die kindliche Wut als das akzeptieren, was sie ist: Normal. Wenn sie eine Reaktion auf elterliches Verhalten ist, sollte eben dieses Verhalten geändert werden. Wenn sie in dem Kind selbst entsteht, können Eltern dem Kind helfen, das Gefühl zu bewältigen.

Es kommt also wesentlich auf Balance und Vermittlung an. Statt zu strafen oder stur an Regelwerken festzuhalten, sollte man auf das Kind eingehen und ihm die Chance einräumen, mit den Eltern eine Lösung für einen Konflikt zu finden. Das Kind reift daran; für die Eltern erspart es viel Zwist und Reiberei. Insgesamt erleichtert ein stressfreies Miteinander den Alltag in der Familie. Eltern, die sich weniger gestresst fühlen, haben ihre Affekte eher im Griff, als dauergestresste Elternpaare.

Nehmen Sie also die Bedürfnisse Ihres Kindes und Ihre eigenen Bedürfnisse ernst. So vermeiden Sie, dass Sie oder Ihr Kind - oder Sie beide - sich um ihre Bedürfnisse betrogen fühlen. Hinterfragen Sie die Wut auf Ihr Kind und stellen Sie sich stets die Frage: Warum macht mich das Kind wütend/ aggressiv?

Wann immer eine Situation Sie überfordert, sollten Sie von dieser „zurücktreten" und sich eine Auszeit gönnen. Wenn Sie sich dauerhaft überfordert fühlen, sollten Sie sich nicht scheuen, Hilfe zu suchen. So vermeiden Sie einen anhaltenden Zustand von Verzweiflung.

Gewalt am Kind hat viele Facetten. Bedenken Sie stets, wie zerbrechlich die Psyche Ihres Kindes ist, und welche Schäden Misshandlungen jeglicher Art hinterlassen können. Verharmlosen Sie weder den kleinen Klaps noch ständiges Schimpfen. Geben Sie Ihrem Kind und sich selbst eine Chance auf ein entspanntes und glückliches Miteinander.